UNE

SOIRÉE

CHEZ M. DE PEYRONNET,

OU

Le Seize Avril.

SCÈNE DRAMATIQUE

PAR BARTHÉLEMY ET MÉRY.

PARIS
AMBROISE DUPONT ET CIE, LIBRAIRES,
RUE VIVIENNE, N. 16.
1827
Imprimerie de R. Tastu.

UNE SOIRÉE
CHEZ M. DE PEYRONNET.

IMPRIMERIE DE J. TASTU,
RUE DE VAUGIRARD, N. 36.

UNE

SOIRÉE

CHEZ M. DE PEYRONNET,

ou

SCÈNE DRAMATIQUE

PAR BARTHÉLEMY ET MÉRY.

PARIS

AMBROISE DUPONT ET Cie, LIBRAIRES,
RUE VIVIENNE, N. 16.

*

1827

AVERTISSEMENT.

Nous étions sur le point de terminer une Épître à la Chambre des Pairs pour invoquer sa haute justice en faveur de la littérature, lorsque nous avons appris, avec tout Paris, l'éclatante nouvelle qui enivre de joie cette capitale. C'est avec un extrême plaisir que nous avons fait le sacrifice de nos vers ; mais jaloux de payer notre dette à cette heureuse circonstance, nous offrons au public ce nouvel ouvrage. Tout ce que nous pouvons dire en sa faveur pour gagner nos juges, c'est qu'il a été improvisé à la lueur de nos lampions de réjouissance.

PERSONNAGES.

M. DE PEYRONNET.
M. DE FRAYSSINOUS.
M. DE VILLÈLE.
M. DE CORBIÈRE.
Un Huissier.

La scène se passe dans le salon vert de M. de Peyronnet.

UNE
SOIRÉE
CHEZ M. DE PEYRONNET.

(MM. de Villèle, de Corbière et de Frayssinous entrent.)

PEYRONNET.

Vous venez à propos, chers et féaux confrères;
Quand on est seul, l'ennui ne vous épargne guères;
Mon salon s'est trouvé tout-à-coup dégarni;
Je me croyais encore au bal de d'Apponi.

CORBIÈRE.

Moi, l'étude me sauve, et pourtant la soirée

Me fait encor sentir sa pesante durée.
Heureux si je pouvais, lorsque le jour a fui,
Ainsi qu'un sous-préfet destituer l'ennui!

FRAYSSINOUS.

Laissez plaindre d'Hermès, trop fortunés laïques!
Vous ne redoutez pas nos statuts tyranniques;
Chez moi, mon chapelain qui m'inquiète un peu,
A huit heures du soir sonne le couvre-feu;
Toute ma cour d'abbés se couche, et le grand-maître
Dans son isolement sent ce que c'est qu'un prêtre.
Solitude au dortoir, au salon, au billard;
Pour dormir, c'est trop tôt; pour prier, c'est trop tard,
Et l'*ordo romanus*, dans son latin vulgaire,
Pour charmer mon loisir m'accorde un bréviaire;
Mais vous, pour vous soustraire à cet ennui mortel,
Qui vous force, Messieurs, à rester à l'hôtel?
Pourquoi, pour ranimer votre ardeur engourdie,
N'allez-vous pas le soir rire à la comédie?

VILLÈLE.

Y pensez-vous, d'Hermès?

FRAYSSINOUS.

Vous riez.

VILLÈLE.

Nous rions!!

Un théâtre pour nous est la fosse aux lions;
On nous y sifflerait; et peut-être le pire
Serait d'y conquérir la palme du martyre.

CORBIÈRE.

Vous croyez?

VILLÈLE.

J'en suis sûr.

CORBIÈRE.

Quand je porte mes pas
Le long du quai Voltaire on ne me siffle pas.

VILLÈLE.

Ne vous y fiez point, car mon peuple est *féroce*;
Pour votre sûreté bouquinez en carrosse.

PEYRONNET.

Très-vrai.

VILLÈLE.

Je vais choisir vingt opéras charmans
Et les faire jouer dans mes appartemens.

PEYRONNET.

Bien conçu.
VILLÈLE.

Pour sauver l'honneur de votre toge,

D'Hermès, je vous réserve une petite loge.

Nous nous amuserons; mais quittons ce sujet:

Que dit-on de nouveau, sur vous, sur le projet,

Sur La Rochefoucauld, sur moi, sur les Quarante?...

Je ne lis jamais rien hors le cours de la rente.

FRAYSSINOUS.

Le démon du pamphlet s'est un peu radouci;

La censure, je crois, lui donne du souci.

PEYRONNET.

Tant mieux!
FRAYSSINOUS.

Mais à propos vous savez la nouvelle:

Quélen vient d'acheter pour une bagatelle,

Pour moins que rien, enfin pour deux cent mille francs,

De ses deniers bénis le château de Conflans [1].

---

[1] M. de Quélen a acheté ces jours derniers, pour la somme de 200,000 francs, le château de *Conflans-l'Archevêque*, retraite

VILLÈLE.

Le pauvre homme !

FRAYSSINOUS.

Et moi, grâce aux charges qu'on me laisse,
Par des clercs affamés je vois piller ma caisse;
L'architecte dévot qui bâtit mon hôtel
M'offrira, fin avril, un mémoire mortel,
Et si notre budget n'arrive au pas de course,
On verra mes billets protestés à la Bourse.

VILLÈLE.

Le budget viendra tard.

FRAYSSINOUS.

Vous croyez?

VILLÈLE.

Je le crois;
Nous ne le mangerons que dans deux ou trois mois:
Jeûnez en attendant; Peyronnet en est cause ;
Nous avons pour sa loi dépensé trop de prose;

délicieuse où ses prédécesseurs allaient braver les ardeurs du solstice.

Mais il est soucieux ce soir, et nos propos....

CORBIÈRE.

Peut-être a-t-il besoin d'une nuit de repos?

PEYRONNET.

Il est vrai; le sommeil a fui de ma paupière :
Dormir à volonté n'appartient qu'à Corbière.
Naguère pour charmer ma pénible grandeur,
Dans un char découvert, comme un triomphateur,
J'ai fait au vieux Longchamps un saint pèlerinage;
J'aurais cru voir les cœurs voler sur mon passage,
Vain espoir! les ingrats repoussent mon amour....
Le temps a dissipé la honte de ce jour;
Mais depuis ce matin un noir souci me ronge :
Un songe, me devrais-je inquiéter d'un songe,
A rendu mon esprit tremblant, intimidé....
Mon triomphe en dormant s'était consolidé.
Dans un noir corbillard j'entrevoyais la presse
Escortée à pas lents d'imprimeurs en détresse,
Et pour larmes d'argent la tenture en lambeaux
Portait de toute part l'empreinte de mes sceaux;

L'Institut libéral s'abîmait dans la Seine,
Et la bibliothèque, objet de notre haine,
Par un effort soudain que ma main opéra
Descendait au niveau de l'ancien Opéra ¹.
Paris était voilé dans toute son enceinte ;
Tout-à-coup, des hauteurs de la montagne sainte,
Je vois monter au ciel sur un nuage assis,
Le palais florentin qu'éleva Médicis ² :
La main d'un Dieu semblait animer cette masse ;
Je le voyais planer et flotter dans l'espace ;
L'étrange aérostat, comme un bloc de granit,
Demeurait suspendu, toujours à mon zénith ;
Je veux fuir de ces lieux ; mais le palais immense
De la voûte des airs, descendant en silence,
Tombe et m'écrase ; alors, tout palpitant d'effroi,

¹ Ainsi que chacun le sait, l'ancien Opéra est au niveau de la terre.

² Le palais où siégent actuellement les Pairs a été bâti sous Henri IV, par Marie de Médicis, sur le modèle du palais Pitti, à Florence.

Je m'éveille et je sens qu'il pèse encor sur moi.

VILLÈLE, d'un ton tragique.

Quoi! celui que Thémis a chargé de son glaive,
Tremblerait lâchement au souvenir d'un rêve!
Vous craignez, noble ami, la chute d'un palais!
Eh! que diraient ici ces braves Bordelais
Qui virent si souvent votre main héroïque
Croiser en badinant le fer académique!
Et moi, moi si fluet, si grêle auprès de vous,
Ai-je un moment tremblé, quand, devant mes genoux,
Dans la plaine d'Issy, renfermé dans ma tente,
Un spectre me parla d'une voix chevrotante [1]?
Je le vis, de mes sens ce n'est point une erreur;
Mais pareil à Brutus, je le vis sans terreur.
Toi donc, qui tant de fois terrible avec ta lame,
A des périls réels accoutumas ton ame,
Rappelle, ô Peyronnet, ton esprit abattu.
En dépit de Collard, de Perrier, de Cottu,

---

[1] Voyez *la Villéliade,* chant 3.

Rentre dans un sentier que t'ouvre la fortune ;
Par un saut plus hardi remonte à la tribune ;
Laisse ton vieux palais se bercer dans les airs ;
Je t'ai promis mon aide, allons braver les Pairs.
Sans doute il eût fallu, c'est là ma grande faute,
De trente Pairs de plus meubler la Chambre haute,
Car, il faut l'avouer, le public aujourd'hui
Compte sur des patrons qui ne sont rien par lui ;
Mais qu'importe ? partout mon ascendant domine,
Je caresse le frac aussi bien que l'hermine,
Et si de quelques-uns j'éprouve l'abandon,
Bonald au Luxembourg est pour nous un Dudon.

CORBIÈRE se réveillant en sursaut.

Oui, je le jure ici, digne fils de la Mecque,
Par les rayons poudreux de ma bibliothèque,
Je veux sauver ton trône ou tomber avec toi,
Ton Dieu sera mon Dieu, ta loi sera ma loi ;
Pour toi j'ai réveillé mon audace bretonne,
Je vais aux Pairs ; il faut que ma parole y tonne,
Et que tous mes discours écrasant tes rivaux,

Aux Elzevirs futurs préparent des travaux.

FRAYSSINOUS.

Oui, le ciel, je le sens, à votre sort me lie,
Je vais sur le projet forger une homélie.

PEYRONNET.

Ah! je vous reconnais, nobles soutiens des sceaux,
Je vous fais mes licteurs, déliez mes faisceaux;
Trinité d'orateurs qu'eût enviés la Grèce,
Allez au Luxembourg anéantir la presse;
En vain vous a-t-on dit que mon autorité
Dans la Chambre des Pairs est en minorité;
Parlons le front levé; notre voix éclatante
Opérera bientôt sur la masse flottante;
L'éloquence est un dieu qui frappe de grands coups;
Je conserve la mienne et je compte sur vous [1].
On dit que Portalis met mon projet en cendre,

---

[1] On sait que monseigneur le garde-des-sceaux conserve toujours son éloquence : c'est M. de Peyronnet qui nous l'a dit dans *le Moniteur*.

Qu'au-dessous de zéro l'ingrat l'a fait descendre ;

Mais le ciel me l'assure, et j'en crois vos sermens,

Nous saurons annuler tous ses amendemens ;

Et pour leur disputer l'honneur de la victoire,

Si je puis de mon corps faire une boule noire,

Dans l'urne du scrutin, fier d'un destin si beau,

Je me déposerai comme dans un tombeau.

(Un huissier entre, s'avance vers M. de Peyronnet, lui parle bas à l'oreille. M. de Peyronnet sort du salon, en disant :)

Messieurs, je suis à vous.

VILLÈLE. (M. de Peyronnet absent.)

J'aime ce caractère ;

Quel héros ! C'est l'Ajax de notre ministère.

Quand son esquif brisé le laisse sans espoir,

Sa griffe se cramponne au rocher du pouvoir.

Cet indomptable cœur certes me fait envie ;

J'ignore quels mortels ont trempé dans sa vie.

FRAYSSINOUS.

Il faut le reconnaître en toute humilité :

Parmi son peuple élu Dieu nous l'a suscité ;

Les boucliers des forts pendent à sa ceinture,

Il est la tour d'airain dont parle l'Écriture.

Au sénat plébéien, quand il entre inspiré,

De nos trois cents soutiens noblement entouré,

Triomphant par la force ou dressant des embuches,

Je crois voir Gédéon.....

VILLÈLE.

                Avec ses trois cents cruches;
Silence, le voici.

PEYRONNET. (Il entre pâle et défait.)

         Tout est perdu; le Roi

De la Chambre des Pairs fait retirer ma loi.

Ne m'abandonnez pas au fort de la tempête.

VILLÈLE.

C'est le palais des Pairs qui tombe sur ta tête;

Le songe avait raison.

FRAYSSINOUS. (A Peyronnet.)

                Je vous quitte trop tôt,

Mais un devoir pieux me rappelle là-haut;

Suivant l'*ordo* romain et son latin vulgaire,

Je vais dans mon boudoir dire mon bréviaire.

CORBIÈRE.

Protecteur des beaux-arts et leur cher nourrisson,
Pour moi je vais donner audience au Maçon
Qui de nos monumens achève les merveilles :
C'est ainsi que Colbert éternisait ses veilles.
Adieu.
(Il sort.)

PEYRONNET.

Quoi ! vous partez ? ferme, soyons unis......

CORBIÈRE.

Je vous promets de l'aide.

FRAYSSINOUS.

Et moi je vous bénis.
(Ils sortent.)

VILLÈLE.

D'un obscur avenir, hélas ! qui peut répondre ?
Aussi je vais écrire à mon banquier de Londre.
(Il sort.)

PEYRONNET seul.

Les voilà donc partis, les lâches ! Resté seul
Je vais m'envelopper d'un funèbre linceul,

Et sur ma harpe d'or, comme le roi-prophète,
De mon projet d'amour célébrer la défaite;
Heureux s'il ne fallait me présenter demain
A la Chambre des Pairs, l'ordonnance à la main.

Du spectacle futur je vois lever la toile;
Ce n'est plus le fanal de la nocturne *Étoile*
Que Genoude le soir vient appendre à ce mur;
Mille flambeaux soudains embrasent l'atmosphère,
Et leur chaleur précoce agite sous le verre
    Le mercure de Réaumur.

Oh! que Paris est noir quand des ifs solitaires
L'éclat périodique orne nos ministères !
Aujourd'hui tout annonce un spectacle nouveau ;
Le peuple de ses toits illumine le faîte ;
Il n'a pas attendu, pour célébrer sa fête,
  L'ordonnance de Delavau.

Quels bruits séditieux ! Je vois de ma croisée
S'élever dans les airs l'insolente fusée,
L'anonyme pétard serpente jusqu'à moi ;
Où dirige ses pas cette horde d'Alcides ?
Ils maudissent mon nom... Ce sont des régicides,
  Ils ont crié : *Vive le Roi !*

Qu'on prépare mon char et qu'on ferme les stores.
J'obtiendrai de Franchet ces robustes centaures
Dont le sabre luisant déteste le fourreau;
Ils seront sur la place; et si la charge sonne,
Je veux, pour garantir mon auguste personne,
    Les caserner dans mon bureau.

C'est peu; pour soutenir ces gendarmes honnêtes,
Clermont me prêtera quatre cents baïonnettes;
J'en veux de mon palais hérisser le chemin;
Et dans tous les quartiers d'agiles commissaires,
En ces temps orageux dictateurs nécessaires,
    Circuleront l'écharpe en main.

Oui, je puis rassembler des bandes aguerries,
Je puis de bataillons border mes galeries;
Mais puis-je conjurer la foudre du château ?
Je le sens, mon arrêt au conseil se prépare ;
Je vois déjà Villèle au dos de ma simarre
    Coudre le fatal écriteau !

O triste Luxembourg, écueil du ministère,
De quel front aborder ta Chambre héréditaire
Où je portai jadis des pas si triomphans !
Il faut y déposer ma contenance altière.
Ce palais à mes yeux n'est plus qu'un cimetière
    Où j'inhume tous mes enfans.

Où sont ces bons amis dont la foule importune
Inondait mes salons aux jours de ma fortune,
Et ces fiers députés qui siégent au milieu ?
Partout la voix publique avec effroi me nomme ;
Tout me fuit, et semblable au fils du premier homme,
Je suis timbré du sceau de Dieu.

www.ingramcontent.com/pod-product-compliance
Lightning Source LLC
Chambersburg PA
CBHW060637050426
42451CB00012B/2647